城市轨道交通职业教育系列教材——城市轨道交通运营管理
CHENGSHI GUIDAO JIAOTONG ZHIYE JIAOYU XILIE JIAOCAI
CHENGSHI GUIDAO JIAOTONG YUNYING GUANLI

城市轨道交通票务处理工作页

徐秋梅　邹　韵 ○ 主编

西南交通大学出版社
·成都·

图书在版编目（CIP）数据

城市轨道交通票务处理工作页 / 徐秋梅，邹韵主编. —成都：西南交通大学出版社，2017.6（2020.1重印）

城市轨道交通职业教育系列教材. 城市轨道交通运营管理

ISBN 978-7-5643-5494-7

Ⅰ.①城… Ⅱ.①徐… ②邹… Ⅲ.①城市铁路–旅客运输–售票–管理–职业教育–教材 Ⅳ.①U293.22

中国版本图书馆 CIP 数据核字（2017）第 134317 号

城市轨道交通职业教育系列教材——城市轨道交通运营管理

城市轨道交通票务处理工作页

徐秋梅　邹　韵　主编

责任编辑	周　杨
封面设计	何东琳设计工作室
出版发行	西南交通大学出版社 （四川省成都市二环路北一段 111 号 　西南交通大学创新大厦 21 楼）
邮政编码	610031
发行部电话	028-87600564
官网	http://www.xnjdcbs.com
印刷	成都中永印务有限责任公司
成品尺寸	185 mm×260 mm
印张	4
字数	108 千
版次	2017 年 6 月第 1 版
印次	2020 年 1 月第 3 次
定价	15.00 元
书号	ISBN 978-7-5643-5494-7

课件咨询电话：028-81435775

图书如有印装质量问题　本社负责退换

版权所有　盗版必究　举报电话：028-87600562

出版说明

城市轨道交通凭借快捷、准时、舒适、运量大、能耗低、污染小、占地少等优点，日益成为城市现代化建设进程中重要的公益性基础设施项目。城市轨道交通涉及面广、综合性很强，其发展状况已被当成一个城市综合实力和现代化程度的重要评判指标。由此，城市轨道交通建设正在我国兴起一个新的浪潮，社会对城市轨道交通专业人才的需求巨大，给城市轨道交通类专业的职业教育发展带来了良好契机。

西南交通大学出版社与国内诸多交通院校一直保持友好往来，并整合他们在轨道交通领域的尖端科技优势和人才集成优势，致力于为国家轨道交通教育事业做出贡献，形成了以"轨道交通"为核心的出版特色，在教育界、学界都拥有良好的口碑和较高的品牌知名度。

本套丛书从满足快速增长的城市轨道交通专业实用型人才培养需求出发，从校企结合教学直接面向岗位需求这一特点出发，精心组织国内相关专业优秀教育工作者或优秀教育工作高校，分"运营管理""工程技术""车辆""控制""供电技术"五大类，系统地为读者呈现城市轨道交通教育课程全景。在编写时，力求体现如下特点：

◎ **适用性**

理论知识够用即可，在讲述专业知识的基础上，突出实际操作技能的训练，注重岗位关键能力的培养。

◎ **专业性**

图书的顶层设计从国家高职高专专业目录规范出发，内容编排紧密结合岗位应用实际，体现专业性和主流设备前沿特征，体现教学实际需求。同时，在编写或修改时，尽可能地让一线用人单位参与进来，根据生产现场实际提出建议。

◎ **生动性**

在架构设计和版式设计上，力求简洁生动，图文并茂；努力体现二维码技术等移动互联网时代元素在图书中的应用，尽可能把生产实际和研究成果，用立体生动的形式予以表达，便于读者理解掌握。

这套书可作为高等职业院校、中等职业学校城市轨道交通相关专业的教学用书，也可作为城市轨道交通企业新职工的培训教材。有关教材的课件资料等，可以联系我社使用。

联系电话：028-87600533

邮箱：swjtucbsfx@163.com

西南交通大学出版社

前 言

"城市轨道交通票务处理"课程是基于工作过程系统化,利用"实践专家研讨会"、确定典型工作任务并将其转化为学习领域,构建出来的工学结合一体化课程体系。课程学习的根本要求在于了解城市轨道交通车站票务处理的工作流程,掌握在城市轨道交通车站票亭和站厅内进行有关乘客票务事务、车票出售、稽查、兑零等工作的方法和技巧,熟悉车站票务员工作流程,能够进行票务处理。

本书是在工学结合一体化课程开发的背景下,专门为学校"城市轨道交通票务管理"课程编写的校本学材,作为课程标准、教案的配套资料和学生学习的辅助材料。全书内容包括配票与结账、票亭票务处理、车票稽查与回收3个学习情境,12个学习任务,主要介绍以下内容:

(1)票卡管理的具体内容;

(2)票务报表的填写规范;

(3)配票与结账的基本流程;

(4)AFC系统设备的操作、日常巡视及故障应急处理;

(5)车站票务管理工作职责、一般和特殊票务作业流程;

(6)票款清分结算以及安全管理。

本书由广东省交通运输技师学院徐秋梅编写学习情境1和学习情境2,深圳广播电视大学(下属深圳市开放职业技术学校)邹韵编写学习情境3。全书由徐秋梅统稿并任第一主编,邹韵任第二主编。

由于编者水平有限,书中难免存在不足之处,恳请读者批评指正。

编 者

2017年4月

目 录

学习情境 1　配票与结账

　　1.1　认识车票 ··· 1
　　1.2　配票流程 ··· 6
　　1.3　票务报表填写 ·· 10
　　1.4　模拟配票 ··· 13
　　1.5　模拟结账 ··· 20

学习情境 2　票亭票务处理

　　2.1　自动售票 ··· 24
　　2.2　半自动售票机 ·· 29
　　2.3　异常票卡处理 ·· 33
　　2.4　特殊情况下的票务处理 ·· 37

学习情境 3　车票稽查与回收

　　3.1　车票稽查 ··· 41
　　3.2　车票回收 ··· 48
　　3.3　现金管理 ··· 54

参考文献 ·· 56

工作页

学习领域 1 城市轨道交通票务处理	学习情境 1 配票与结账 学习任务 1 1.1 认识车票	姓名： 学号：	班级： 组号：

【学习目标】

1. 理解本门课程的重要性；
2. 理解售检票方式及票卡的识别方式，掌握票卡的分类；
3. 熟悉城市轨道交通系统内车票的种类和使用特点；
3. 掌握自动售检票 AFC 系统中各类票卡的定义及适用范围；
4. 能够说出常用车票的使用流程。

【学习安排】

4 课时

一、任务导入

提问：

（1）你对城市轨道交通有什么样的了解？能说一说吗？

（2）我们将要学习的"票务事务"指的是什么呢？是谁的工作？

（3）你对地铁乘车过程的了解有哪些？你接触过什么样的车票？

二、明确任务

为了完成学习任务，请关注以下几点：

（1）任务实施的时间（　　　　　），地点是（　　　　　），人物（　　　　　）和（　　　　　）的工作；

（2）任务实施的组织方式：□独立完成；□小组合作完成，我承担的角色是（　　　　）；

（3）任务实施的最终结果是：□过程实施；□提交作品；

（4）是否已经明确知道实训过程中需要注意的事项：□是，签名（　　　　）；□否，尚未明确的内容（　　　　　），经过老师解答后，确认签名（　　　　　）。

三、制订计划

1. 城市轨道交通车站是怎么运作的，你能画出工作人员的组织结构图吗？

注意：

（1）先自己思考一下，然后和小组成员讨论，形成一个小组意见，写在白板上。

（2）5 分钟后，每组选代表来进行本组意见发布，发布时注意先说清楚自己所在组别。每组发表时其他组注意听取表述。

（3）综合各组意见，和老师一起讨论，形成参考答案，并用红色笔进行修改。

本组讨论结果如下：

```
┌─────────────────────────────────────────┐
│           地铁车站组织结构图              │
│                                         │
│                                         │
│                                         │
│                                         │
│                                         │
└─────────────────────────────────────────┘
```

2. 你知道的车票种类有哪些？它们的使用有什么区别？
_____
_____

3. 你接触过的车票有什么特点，是怎么到达你手中的，之后又去了哪里？
_____
_____
_____

4. 根据学习资料和教材，你能整理出车票的使用流程图吗？（写下来）

```
┌─────────────────────────────────────────┐
│              车票使用流程                 │
│                                         │
│                                         │
│                                         │
│                                         │
│                                         │
│                                         │
└─────────────────────────────────────────┘
```

四、任务实施

秀一秀：介绍广州地铁目前使用的车票，以及广州地铁的定价规则。
（1）搜集资料，制作PPT。
（2）在讲台介绍，要求尽可能脱稿。

（3）回答教师或其他组同学的提问。

　　小组展示，和小组成员一起对其他小组的表现进行点评打分。根据要求，填写表 1 学习任务考核评价表和表 2 小组合作学习效果评估表。

五、任务检验

学习教学资料，完成下列作业：

1. 常见的票卡媒介有（　　　　　）（　　　　　）（　　　　　）三种。

2. 车票从出入站状态来分，有（　　　　　）（　　　　　）两种状态。

3. 城市轨道交通票务系统票制分为：（　　　　　）（　　　　　）（　　　　　）三种。

4. 单程票可以分为几种？分别有什么特点？

_____

_____

5. 请列表说明磁卡、接触式 IC 卡和非接触式 IC 卡的优缺点

	磁卡	接触式 IC 卡	非接触式 IC 卡
优点			
缺点			

六、任务小结

完成工作页，看看有什么不明白的，一起来探讨一下，问问自己对车票了解了吗？

表1 学习任务考核评价表

班级_____ 组别_____ 姓名_____ 学号_____

课程：　　　　　　学习情境：　　　　　　学习任务：

得分=个人评分×10%+小组评分×30%+教师评分×60%

模块	评估内容	评价标准	评价等级（有ABC三个等级，在括号内√）			得分
			个人评分	小组评分	教师评分	
综合评价	职业素养（20分）	能积极参与组内的讨论，给出有价值的方案	A10（　）	A10（　）	A10（　）	
			B8（　）	B8（　）	B8（　）	
			C5（　）	C5（　）	C5（　）	
		有高度的参与合作能力，能协助完成任务，效果好	A10（　）	A10（　）	A10（　）	
			B8（　）	B8（　）	B8（　）	
			C5（　）	C5（　）	C5（　）	
	服务技能（60分）	能按照票务员的工作岗位引导乘客在自动售票机上购票，做到标准化和规范化	A40（　）	A40（　）	A40（　）	
			B25（　）	B25（　）	B25（　）	
			C15（　）	C15（　）	C15（　）	
		服务礼仪规范（微笑、站姿、引导手势）	A20（　）	A20（　）	A20（　）	
			B10（　）	B10（　）	B10（　）	
			C5（　）	C5（　）	C5（　）	
	完成工作页质量（20分）	能认真完成工作页的所有内容	A20（　）	A20（　）	A20（　）	
			B10（　）	B10（　）	B10（　）	
			C5（　）	C5（　）	C5（　）	
	得分	得分=个人评分×10%+小组评分×30%+教师评分×60%				最终得分

表 2　小组合作学习效果评估表

班级_____　　组别_____　　姓名_____　　学号_____

课程：　　　　　学习情境：　　　　　学习任务：

评价项目	评价标准	自评				组内互评			
		优	良	中	差	优	良	中	差
情感态度	1. 我很乐意参加这项实训								
	2. 我能主动参与讨论								
	3. 我觉得这样的实训对自己有很大的帮助								
	4. 我在课堂活动中和同学们合作得很愉快，组内可以互相帮助								
知识能力	1. 我能理解本次课的基本知识								
	2. 我能完成小组分配的学习任务								
	3. 我在学习过程中能掌握所学知识，并将所学知识学以致用								
	4. 我能综合运用所学知识，主动接受和理解新知识、新信息								
活动收获	1. 我觉得这样的实训对于自己有很大的帮助								
	2. 我从中学到了新的知识并运用了以前学过的知识								
	3. 我在活动中常常有新的见解，并受到老师和同学的赞同								
	4. 我在活动中使用的学习方法取得了很好的效果								
	5. 我对自己的表现很满意								

学习领域 1 城市轨道交通 票务处理	学习情境1 配票与结账 学习任务2 1.2 配票流程	姓名：	班级：
		学号：	组号：

【学习目标】
1．能够总结可行、有效的配票流程；
2．能够按照流程进行模拟配票，并学会填写相关凭证和记录。

【学习安排】
4课时

一、任务导入
提问：
（1）在票务员开始进入票亭即客服中心为乘客服务前，他需要做些什么准备工作？
（2）这个准备工作对于票务员来说意味着什么？
（3）需要注意些什么？

二、明确任务
为了完成学习任务，请关注以下几点：
（1）任务实施的时间（　　　　　），地点是（　　　　　），人物（　　　　　）和（　　　　）的工作；
（2）任务实施的组织方式：□独立完成；□小组合作完成，我承担的角色是（　　　　　）；
（3）任务实施的最终结果是：□过程实施；□提交作品；
（4）是否已经明确知道实训过程中需要注意的事项：□是，签名（　　　　　）；□否，尚未明确的内容（　　　　　），经过老师解答后，确认签名（　　　　　）。

三、制定计划
1．根据日常观察，在票亭中工作的票务人员使用到的工具、设备和材料有哪些？
注意：
（1）先自己思考一下，然后和小组成员讨论，形成一个小组意见，写在白板上。
（2）5分钟后，每组选代表来进行本组意见发布，发布时注意先说清楚自己所在组别。每组发表时其他组注意听取表述。
（3）综合各组意见，和老师一起讨论，形成参考答案，并用红色笔进行修改。
工具、设备或材料列表：
显示器、桌椅、收银盒、硬币盘、车票袋、钱袋、票箱、对讲机、与乘客对讲设备、车票、现金、发票、结算单、打印纸、打印机、工号牌、"暂停服务"牌、交接记录本、乘客事务处理单、读卡器、主机。

本组讨论结果如下：

所需工具、设备或材料		备注
可移动的或会被消耗的物品	固定的、不可移动的物品	

其他组的表述记录和打分表　　记录员（签名）＿＿＿＿＿＿＿

组别序号	与本组不同之处		表述人表现印象	得分	评分标准
0	比本组多的内容	比本组少的内容	-------	-------	1.根据总结出来的正确结果，按照答对的项目多少打分，此项总分为80分，如果物品选出来但是位置放错了只给一个项目的一半分； 2.对代表的表述过程打分，此项总分20分，主要从代表的声音是否洪亮，仪态是否自然、表述是否清楚，可事先留下记录

想一想：

1. 票务员是如何获取这些可以移动的物品的？哪些是开展工作的必需品？
2. 这些必需品作为公用物资，在使用过程中需要注意什么呢？

学一学：

1. 车站票务工作的工作人员架构是怎么样的？查一查票务员的这些材料是从哪个工作人员处取得的？

（_____）

2. 观看配票流程动画。

假定你现在是一个票务员，请写下你今天开班前配票时要做的事，注意时间顺序。

配票流程

反思：

这个流程你觉得可以解决之前出现的问题了吗？如果让你来配票，你会做了吗？

在按照流程进行作业时，你觉得你能做好吗？还存在什么疑问吗？请思考后提出来。

四、任务实施

根据配票方案，准备材料，并准确无误地填写《配票报表》。

案例：假设在 A 站，1 号 BOM 机从早上六点到下午三点当班期间，领取了备用金 3000 元，中途无追加，领取储值票 20 张，其中学生票 5 张，老人储值票 5 张，其余为普通储值票，一日票 5 张，，三日票 5 张，领取 2 元单程票 10 张，3 元 5 张，预制票 5 元的 8 张，7 元的 5 张，报表一份，发票 2 叠。

练一练：

根据给出的配票方案，与隔壁的同学两人一组进行练习，练习过程中一人扮演票务员，另一人扮演值班员，需要的材料可以找老师领取。

对你的搭档进行评价,填写打分表:

考核点:是否按流程操作(缺少一个环节扣 4 分,扣完为止,总分为 30 分);

报表填写是否正确(错一个空扣 2 分,扣完为止,总分 50 分);

配票过程中的仪容、仪表(20 分)。

打分表

得分(满分 100 分)	优点	缺点	打分人

分组练习:

通过配票方案,进行情景模拟,角色自定。练习过程中有没有发现什么问题和难点?和同组的同学一起讨论,找到解决办法。

秀一秀:

小组展示,和小组成员一起对其他小组表现进行点评打分。根据要求,填写评价表。

五、任务小结

1. 配票是发生在何时、何地、何种人物之间的?

2. 配票过程中的注意事项有哪些?

学习领域 1 城市轨道交通 票务处理	学习情境 1 配票与结账 学习任务 3 1.3 票务报表填写	姓名：	班级：
		学号：	组号：

【学习目标】
1. 了解票据及台账的种类，掌握票据及台账管理的基本内容及流程；
2. 能够正确地使用和填写票务报表。

【学习安排】
4 课时

一、任务导入

案例分析：口头交接弊端多，带走长款无人知

1. 事件概述

2003 年，某站客运值班员 A 同时为售票员、退款点的员工结账，发现长款 221 元。晚上 8:00 值班员 A 与夜班值班员 B 交接时，口头交代了此事，未在值班员交接簿上注明。夜班客值接班后，未能查出长款原因，同样以口头方式交接给下一班的值班员 C，仍未在值班员交接簿上注明，次日晚上值班员 C 将长款 221 元交回值班员 A 时，同样以口头方式交接，未在值班员交接簿上注明，亦没有向当班值班站长反映。值班员 A 收到长款后在凌晨将长款 221 元带出点钞室，放入自己的更衣柜，第三日也未将长款情况向接班的值班站长反映。直至第四日早才将该笔长款交给值班站长。经车站核对相关票务数据，确定该 221 元长款是第一日售票员的售票款，车站于是将此长款解行。

2. 事故处理

此事件中客值 A 将现金带离安全区域，影响恶劣，定性为二类票务事故。

思考：
1. 在上述案例中，工作人员交接时采用口头交接方式，此种方式存在什么问题？
2. 在票务处理中，票款的交接应采用怎么样的方式？

二、明确任务

为了完成学习任务，请关注以下几点：

（1）任务实施的时间（   ），地点是（   ），人物（   ）和（   ）的工作；

（2）任务实施的组织方式：□独立完成；□小组合作完成，我承担的角色是（   ）；

（3）任务实施的最终结果是：□过程实施；□提交作品；

（4）是否已经明确知道实训过程中需要注意的事项：□是，签名（   ）；□否，尚未明确的内容（   ），经过老师解答后，确认签名（   ）。

三、制定计划

小组讨论：

★ 在票亭中工作的票务工作者有哪些报表需要填写？

★ 思考一下：票务员填写时有什么必须遵守的规则？

1. 先自己思考一下，然后和小组成员讨论，形成一个小组意见，填写下表；
2. 10分钟后，选代表来进行本组意见发布，并听取其他组别的表述，填写下表；
3. 综合各组意见，和老师一起讨论，形成参考答案，填写下表。

需填写的报表	必须遵守的规则	备注

想一想：

★ 上面表格中的报表是否可以随意修改呢？

案例分析

事情经过：某日站区上缴票款时，与SC报表及水单进行核对发现BOM票款短款6元，进一步核对后发现为该站补票室BOM中有6元一卡通卡外补票（现金补票）交易。

经调查得知，该站补票室内BOM一般只进行卡内补票作业，不涉及现金交易，故未对此设备核对，但当日操作员误将卡内补票操作为卡外补票（现金补票），于是造成票卡差异。

请问：

1. 根据案例，你认为最严重的问题是什么？
_____
_____
_____

2. 如果你是其中一名票务员，你会怎么处理这件事？
_____
_____
_____
_____

四、任务实施

秀一秀：

请根据老师提供的道具，模拟进行一次配票，并且将配票信息填写到配套的报表内（见附表1）。

☆（日期按实际填写，时间不填，报表要求填写正确、规范）

_____
_____
_____

五、任务小结

车站在报表的填写、保管等方面都需严格执行相关收益安全管理规定，避免因报表填写不规范和保管不当而对票务收益安全造成影响。

报表需在一定期限内留存，以备结算部门、审计部门提取相关数据。车站应定期按报表分类，整理并装订报表，检查报表是否完整，并设立专门的报表保管室对报表进行统一保管，确保报表的安全，不同的企业对具备的保管期限有不同的要求，一般是按照统计范畴的规定执行，保管期限满后，由所属部门统一注销、销毁，以防泄漏商业机密。

学习领域 1 城市轨道交通 票务处理	学习情境 1 配票与结账 学习任务 4 1.4 模拟配票	姓名： 学号：	班级： 组号：

【学习目标】

1. 能够通过配票流程分析其过程中现金及车票交接的注意事项；
2. 能够按照流程进行模拟配票，并学会填写相关凭证和记录；
3. 能够相互配合、角色到位完成整个模拟配票流程，面对突发的一系列情况能够灵活、有效地应对，整个模拟工作流程清晰，过程规范。

【学习安排】

6课时

一、任务导入

案例分析：新港东站站务员占票款事故

1. **事件概述**

10月18日，新港东站值班员在配票中给售票员多配了200张5元预制单程票，售票员发现后没有上报，而是利用当班之便将多配的预制票售出，并将所得700元票款占为己有。事件最终定性为四类票务事故。

2. **事故处理**

（1）当事站务员严重违反公司有关规定，造成四类票务事故，根据总公司《员工违纪违规惩处暂行办法》相关规定，给予解除劳动合同处理，责其交还实际侵占的700元票款，同时根据总部《员工奖惩细则》相关条例给予总部通报批评。

（2）根据总部《票务稽查考评细则》相关规定扣减车务一部票务、稽查业务模块月度考评分20分。

思考：

1. 上述案例中，是什么原因导致这次事故的发生？
2. 通过案例分析，你认为配票工作有哪些需要注意的事项？

二、明确任务

为了完成学习任务，请关注以下几点：

（1）任务实施的时间（　　　　　　），地点是（　　　　　　），人物（　　　　）和（　　　　）的工作；

（2）任务实施的组织方式：□独立完成；□小组合作完成，我承担的角色是（　　　　）；

（3）任务实施的最终结果是：□过程实施；□提交作品；

（4）是否已经明确知道实训过程中需要注意的事项：□是，签名（　　　　　　）；□否，尚未明确的内容（　　　　　　），经过老师解答后，确认签名（　　　　　　）。

三、制定计划

想一想：

（1）配票过程中，售票员和客运值班员有哪些需要注意的事项？
_____
_____

（2）配票时，票务收益室内的现金交接有哪些规定？
_____
_____

（3）配票时，各种车票的交接有哪些规定？
_____
_____

做一做：根据配票方案，准备材料

请根据给出的配票方案，准备需要的具体材料，包括所需的钱数、票数等，并正确无误地填写《售票员结算单》。

案例：假设在 A 站，1 号 BOM 机从早上六点到下午三点当班期间，领取了备用金2500元，中途追加500元，领取储值票30张，其中学生票10张，老人储值票10张，其余为普通储值票，一日票6张，三日票5张，领取2元单程票15张，3元6张，预制票5元的8张，7元的5张，报表一份，发票3叠。

练一练：

根据给出的配票方案，与隔壁的同学两人一组进行练习，练习过程中一人扮演票务员，一人扮演值班员，需要的材料可以找老师领取。

对你的拍档进行评价，填写打分表：

考核点：

是否按流程操作（缺少一个环节就按环节扣4分，扣完为止，总分为30分）；

报表填写是否正确（错一个空扣2分，扣完为止，总分50分）；

配票过程中的仪容、仪表（20分）。

打分表

得分（满分100分）	优点	缺点	打分人

分组练习：

通过配票方案，进行情景模拟，角色自定。练习过程中有没有发现什么问题和难点？和同组的同学一起讨论，找到解决办法。

四、任务实施

秀一秀：

小组展示，和小组成员一起对其他小组表现进行点评打分。根据要求，填写模拟配票评价表。

知识拓展

1. 案例分析：

某天上班期间，票务员 A 在值班员 B 处配票，配票完成后，票务员 A 去票亭上岗，发现所配车票实际数与结算单上记录数不一致，少了一张储值票。

问题 1：根据这种描述，A 和 B 在配票过程中出现的差错应该如何避免？

_____

_____

问题 2：针对这个问题，列出你认为可以用于避免出现此类差错的措施。

可能出现的差错	可采取的防范措施

2. 清分中心 ACC 票务部票务室与车站的配票程序是怎么样的？

清分中心 ACC 票务部票务室与车站的配票程序

五、任务小结

"模拟配票"这一学习任务是本门课程"配票与结账"学习情境中的核心部分，学生需要掌握配票的规范流程并学会填写相关凭证和记录，为后续学习任务"模拟结账"打下良好基础。配票的依据主要来自地铁车站客流量的大小，不是随便想配多少就配多少，要有依据可循。

配票报表

姓名：	工号：
备注	
备注	
备注	

配票详单：

售票员签名：
客运值班员签名：
日期：

售票员结算单　　　　　　　　　　　　　　　　　　　　　　　　（附表1）

站		时间		年　月　日	票亭编号		配备用金金额		追加金额			从　　至			
								值班员签名							

票种		项目	开窗张数	关窗张数	出售			票种	项目	开窗张数	关窗张数	出售	
					张数	其他	押金	金额					张数	金额
地铁IC卡车票	一日票								单程票	1元				
	三日票									2元				
	学生票									3元				
	老人储值票									4元				
	普通储值票									小计金额				
	乘客事务差额				—	—	—		预制票	3元				
	单程票退款				—	—	—			4元				
	IC卡退款				—	—	—			5元				
	小计金额									6元				
一卡通	预付值									7元				
	零值									8元				
										小计金额				
预收款金额		交款人姓名			预收款金额				收款人姓名				实收总金额	
结算及备注														
		售票员							售票员					
		售票员员工号												

乘客事务处理单

NO.000000

　　　站　　　　　　　　　　　　　　年　月　日

事件详情	处理结果
（1）闸门被误用；	（A）发售免费出站票_____张；
（2）车票无效不能出闸；	（B）免费发售_____元单程票_____张；
（3）TVM 卡币_____元，设备编号_____；	（C）收取现金_____元，发售_____元单程票_____张；
（4）TVM 卡票，设备编号_____；	（D）退回乘客_____元；
（5）TVM 发售无效票；	（E）填写《深圳地铁记名票申办表》，编号_____；
（6）TVM 少找币_____元，设备编号_____；	（F）收取现金_____元，发售_____元付费出站票_____张；
（7）乘客无票乘车；	（G）从设备取出现金_____元，退回乘客；
（8）乘客遗失单程票；	（H）卡扣费_____元；
（9）乘客付费区遗失普通储值票；	（I）补充值_____元，对卡进行更新；
（10）乘客付费区遗失记名储值票；	（J）收取现金_____元。
（11）乘客车票超时；	
（12）乘客车票超程；	
（13）乘客车票超时又超程；	
（14）退卡，卡编号_____；	

乘客资料：姓名：_____　性别：男／女　年龄：_____　证件号码：_____
　　　　　工作单位：_____　电话：_____
　　　　　家庭住址：_____　电话：_____
　　　　　其他：_____

车站确认：售票员签名：_____　员工号：_____
　　　　　客运值班员/值班站长签名：_____　员工号：_____

　　第一联：票务室
　　第二联：车站

模拟配票学习成果展示评价表

班级：　　　　　　　小组代号：　　　　　　　小组成员：

序号	评价项目	评价标准	分值
1	配票材料准备情况	准备齐全得满分，每少一件扣1分	10
2	服务形象	仪容仪表仪态符合职业规范	5
		展示过程大方自然，过程流畅	10
3	任务完成过程	进入点钞室，做到确认身份	10
		正确无误清点车票、备用金以及报表	10
		正确无误填写《配票报表》	20
		做到双人清点、确认签章	15
		展示的整体效果	10
4	语言表达	思路清晰，语言表达准确、流畅	10
5	总分	100分	

得分：自评×10%+互评×40%+师评×50%

组　　别	得分（满分100）	优点（必填）	不足（必填）
第1组			
第2组			
第3组			
第4组			
第5组			
第6组			
第7组			
第8组			

任课老师：　　　　　　　　　　　评分时间：　　年　　月　　日

学习领域 1 城市轨道交通 票务处理	学习情境1 配票与结账 学习任务5 1.5 模拟结账	姓名：	班级：
		学号：	组号：

【学习目标】

1. 能够根据给出的情境进行结账；
2. 能够发现账实不符的情况，并找出原因，避免再次发生。

【学习安排】

4课时

一、任务导入

案例分析：结账出现的票款差错

事件概述

×年×月×日，检查人员到体育西站审核站存车票及备用金时，发现早班售票员交班时长款55元。当日值班员A在检查人员离开后重新清点票盒票款和备用金，由于粗心大意，误以为备用金少了60元，便把长款55元补作备用金，同时修改有关报表。次日值班员在配票时发现票盒内有60元备用金，经过核对才确认21日早班售票员却是长款55元，造成长款延误处理。

思考：

1. 上述案例中，是什么原因导致这次事故的发生？
2. 根据案例情况，你认为最严重的问题是什么？
3. 如果你是其中一名票务员，你会怎么处理这件事？
4. 通过案例分析，你认为结账工作有哪些需要注意的事项？

二、明确任务

为了完成学习任务，请关注以下几点：

（1）任务实施的时间（　　　　），地点是（　　　　），人物（　　　　）和（　　　　）的工作；

（2）任务实施的组织方式：□独立完成；□小组合作完成，我承担的角色是（　　　）；

（3）任务实施的最终结果是：□过程实施；□提交作品；

（4）是否已经明确知道实训过程中需要注意的事项：□是，签名（　　　　）；□否，尚未明确的内容（　　　　），经过老师解答后，确认签名（　　　　）。

三、制定计划

想一想：

1. 报表填写必须（　　　）（　　　　）（　　　　）（　　　　）。
2. 报表必须用（　　　）（　　　　）笔填写，字迹（　　　　），

不得潦草。

3. 在每日运营结束后，应填写的报表是《＿＿＿＿＿＿＿＿＿＿＿＿》。
4. 请写出有关报表更改的规定。
_____
_____
_____

四、任务实施

秀一秀：

请根据下面的案例，填写完整后模拟进行结账，并填写报表。

假设在A站，1号BOM机从早上六点到下午三点当班期间，领取了备用金（　　）元，中途无追加，领取一卡通（　　）张（押金30元），一日票（　　）张（售价20元每张），三日票（　　）张（售价50元每张），领取预制单程票60张（2、3、4、5、6、7面值的各10张），在上班过程中，售出2元的单程票10张，5元的1张，7元的5张，发售一卡通（　　）张，充值（　　）元，发售一日票（　　）张，三日票（　　）张；另外有两名乘客退票，退票金额分别是3元和4元。收班时，该售票员清点现金为（　　　）元。

练一练：

根据给出的结账方案，与隔壁的同学两人一组进行练习，练习过程中一人扮演票务员，一人扮演值班员，需要的材料可以找老师领取。

对你的拍档进行评价，填写打分表：

考核点：

是否按流程操作（缺少一个环节就按环节扣4分，扣完为止，总分为30分）

报表填写是否正确（错一个空扣2分，扣完为止，总分50分）

结账过程中的仪容、仪表（20分）

打分表

得分（满分100分）	优点	缺点	打分人

分组练习：

通过结账方案，进行情景模拟，角色自定。练习过程中有没有发现什么问题和难点？和同组的同学一起讨论，找到解决办法。

秀一秀：

小组展示，和小组成员一起对其他小组表现进行点评打分。根据要求，填写模拟结账学习成果展示评价表。

五、任务小结

结账与配票的关系是什么？结账是发生在何时、何地、何种人物之间的？
_____
_____
_____

模拟结账学习成果展示评价表

班级：　　　　　　　小组代号：　　　　　　　小组成员：

序号	评价项目	评价标准	分值
1	结账材料准备情况	准备齐全得满分，每少一件扣1分	10
2	服务形象	仪容仪表仪态符合职业规范	5
		展示过程大方自然，过程流畅	10
3	任务完成过程	进入点钞室，做到确认身份	10
		正确无误清点车票、备用金以及报表	10
		正确无误填写《售票员结算单》	20
		做到双人清点、确认签章	15
		展示的整体效果	10
4	语言表达	思路清晰，语言表达准确、流畅	10
5	总分	100分	

得分：自评×10%+互评×40%+师评×50%

组　别	得分（满分100）	优点（必填）	不足（必填）
第1组			
第2组			
第3组			
第4组			
第5组			
第6组			
第7组			
第8组			

任课老师：　　　　　　　　　　　　评分时间：　　　年　　　月　　　日

售票员结算单 (附表1)

站　　　　　时间　　　　　从　　　至　　　　配备用金金额　　　　追加金额　　　　年　月　日

值班员签名

票种	项目	票亭编号	开窗张数	关窗张数	出售		项目	票种		开窗张数	关窗张数	出售	
					其他	押金						张数	金额
地铁IC卡车票	一日票					—		单程票	1元				
	三日票					—			2元				
	学生票					—			3元				
	老人储值票				—	—			4元				
	普通储值票				—	—		小计金额					
	乘客事务差额	—	—	—		—		预制票	3元				
	单程票退款	—	—	—		—			4元				
	IC卡退款	—	—	—		—			5元				
小计金额									6元				
一卡通	预付值	交款人姓名			预收款金额				7元	收款人姓名			实收总金额
	零值								8元				
预收款金额								小计金额					
结算及备注													
售票员													
售票员员工号													

学习领域 2 城市轨道交通 票务处理	学习情境 2 票亭票务处理 学习任务 1 2.1 自动售票	姓名： 学号：	班级： 组号：

【学习目标】

1. 能够识别出自动售票机的各组成部分，并口述各部分的主要功能；
2. 能够熟练进行自动售票机的基本操作；
3. 能够指导他人使用自动售票机，并能够识别和处理常见的故障。

【学习安排】

4 课时

一、任务导入

提问：

（1）乘客来到地铁车站，想要购买一张单程票，应该去哪里购买？

（2）乘客可以通过几种方式在自动售票机上购买车票？

（3）作为站务员，你会指引乘客在自动售票机上购买单程票吗？

二、明确任务

为了完成学习任务，请关注以下几点：

（1）任务实施的时间（   ），地点是（   ），人物（   ）和（   ）的工作；

（2）任务实施的组织方式：□独立完成；□小组合作完成，我承担的角色是（   ）；

（3）任务实施的最终结果是：□过程实施；□提交作品；

（4）是否已经明确知道实训过程中需要注意的事项：□是，签名（   ）；□否，尚未明确的内容（   ），经过老师解答后，确认签名（   ）。

三、制定计划

1. 自动售票机，简称（   ），自动售票机设于车站（   ），用于乘客（   ）地铁单程票和对（   ）进行充值。

2. 自动售票机的功能

自动售票机的基本功能是通过乘客（   ）完成自动售票。自动购票的基本过程包括（   ）（   ）（   ）及（   ）等过程。

3. 写出站务员指引乘客在自动售票机购买单程票的流程。

_____

_____

4. 假设在你所在的车站的自动售票机如图所示，请写出各部件的名称。

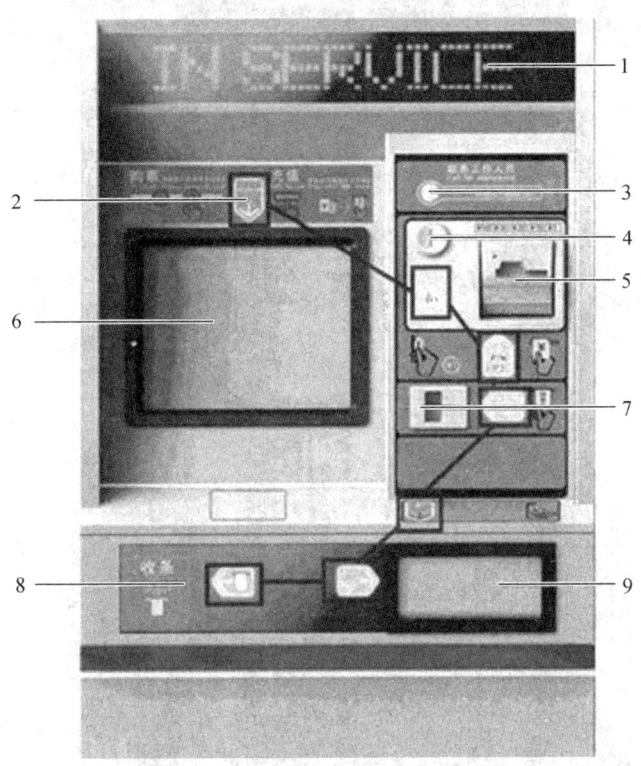

（1）：　　　　　　　　　　（2）：
（3）：　　　　　　　　　　（4）：
（5）：　　　　　　　　　　（6）：
（7）：　　　　　　　　　　（8）：
（9）：

想一想：

你能说出图中所示各部分的功能吗？请思考。

_____
_____
_____

5. 你了解自动售票机的内部结构吗？能否写出下图中各部分的名称，并说一说其作用。

_____
_____
_____

（1）：　　　　　　　　　（2）：
（3）：　　　　　　　　　（4）：
（5）：　　　　　　　　　（6）：
（7）：　　　　　　　　　（8）：
（9）：

想一想：

小结：自动售票机以主控单元为核心，辅以现金处理装置、车票处理装置、乘客显示器、打印机、电源等模块，还可以根据需要，配置触摸屏、运营状态显示器、银行卡读写器及密码键盘等部件。

6. 在工作过程中，自动售票机出现以下情况，应该是出现了什么问题？如何处理？
（1）"正常服务，不找零"的情况。

（2）"本机只接受硬币"。

（3）"本机只接受纸币"。

四、任务实施

秀一秀：

在工作期间，有乘客进入了下列情况的界面，不知道该如何操作下去了，你知道该怎么办吗？写下来，并和大家分享一下你的处理办法。

1. 机器显示如下图，该乘客想购买去公园前的车票，该如何处理？

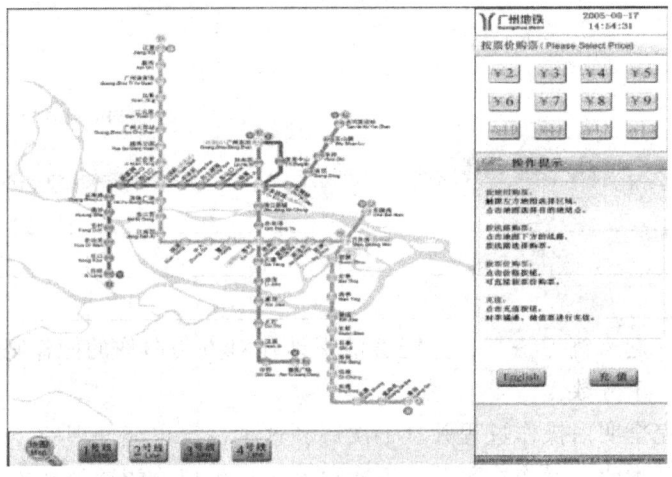

2. 机器显示如下图，该乘客想购买去天河客运站的车票，该如何处理？

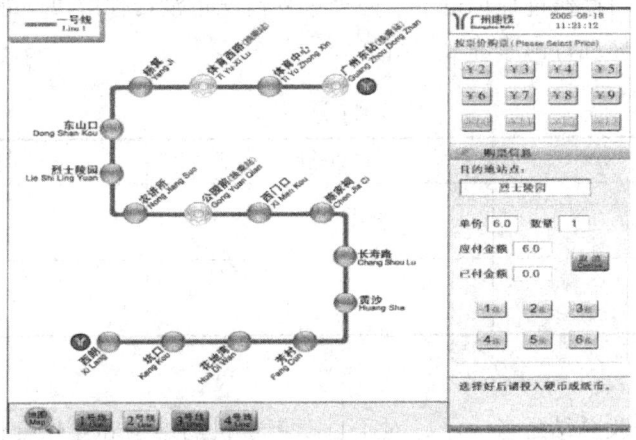

3. 机器显示如下图,该乘客想去烈士陵园,票价 6 元,该如何帮他?

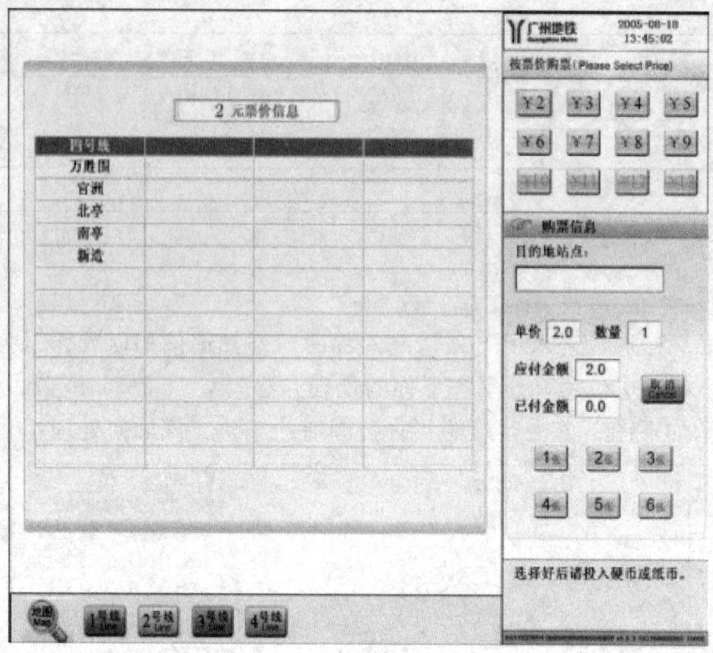

和你的搭档一起来练习一下,你能够清晰地让对方明白你的操作吗?教会他怎么操作,给你的搭档一个分数:

他能够让你完全明白操作过程并且下次遇到这种情况也能处理的,给 10 分;
他能够让你基本明白操作过程并且下次再发生这种情况能够处理的,给 8 分;
他能够让你明白操作过程但下次再遇到这种情况还是不会处理的,给 6 分;
他没有让你明白操作过程你也不会处理这种情况但是帮你解决了问题,给 4 分;
他没有让你明白操作过程你也不会处理这种情况也没帮你解决问题,给 2 分;
他完全没有和你进行沟通练习,给 0 分。

打分表

得分	评价	打分人

五、任务小结

反思:现在自我总结思考一下,对于自动售票机的结构和操作,你都明白了吗?能否正确地使用并且指导他人使用呢?

学习领域 2 城市轨道交通 票务处理	学习情境 2 票亭票务处理 学习任务 2 2.2 半自动售票机	姓名： 学号：	班级： 组号：

【学习目标】

1. 能够识别出半自动售票机的各组成部分，并口述各部分主要功能；
2. 能够熟练进行半自动售票机的基本操作；
3. 能够使用半自动售票机，进行售票工作。

【学习安排】

8 课时

一、任务导入

案例分析：半自动售票机不正当操作引起的票务纠纷

事件概述

某日乘客持一卡通至车站，反映一小时前在该售票室充值的一卡通余额未增加，要求退款。工作人员分析卡内信息后未发现充值信息，要求乘客提供充值凭证，乘客说工作人员未提供充值凭证，引发票务纠纷。

思考：

1. 在上诉案例中，票务员和乘客因为什么原因导致票务纠结？
2. 在票务处理中，票务员应该如果正确处理乘客的票卡问题？

二、明确任务

为了完成学习任务，请关注以下几点：

（1）任务实施的时间（　　　　），地点是（　　　　），人物（　　　　）和（　　　　）的工作；

（2）任务实施的组织方式：□独立完成；□小组合作完成，我承担的角色是（　　　　）；

（3）任务实施的最终结果是：□过程实施；□提交作品；

（4）是否已经明确知道实训过程中需要注意的事项：□是，签名（　　　　）；□否，尚未明确的内容（　　　　），经过老师解答后，确认签名（　　　　）。

三、制定计划

1. 半自动售票机，简称（　　　　），通常安装在（　　　　）或（　　　　），采用（　　　　）方式完成票务处理、车票发售、加值、车票分析（验票）、退票及其他票务服务。

2. 半自动售票机的主要功能有哪些？

_____

_____

3. 学一学：下图中的设备你认识吗？能写出各部分的名字吗？

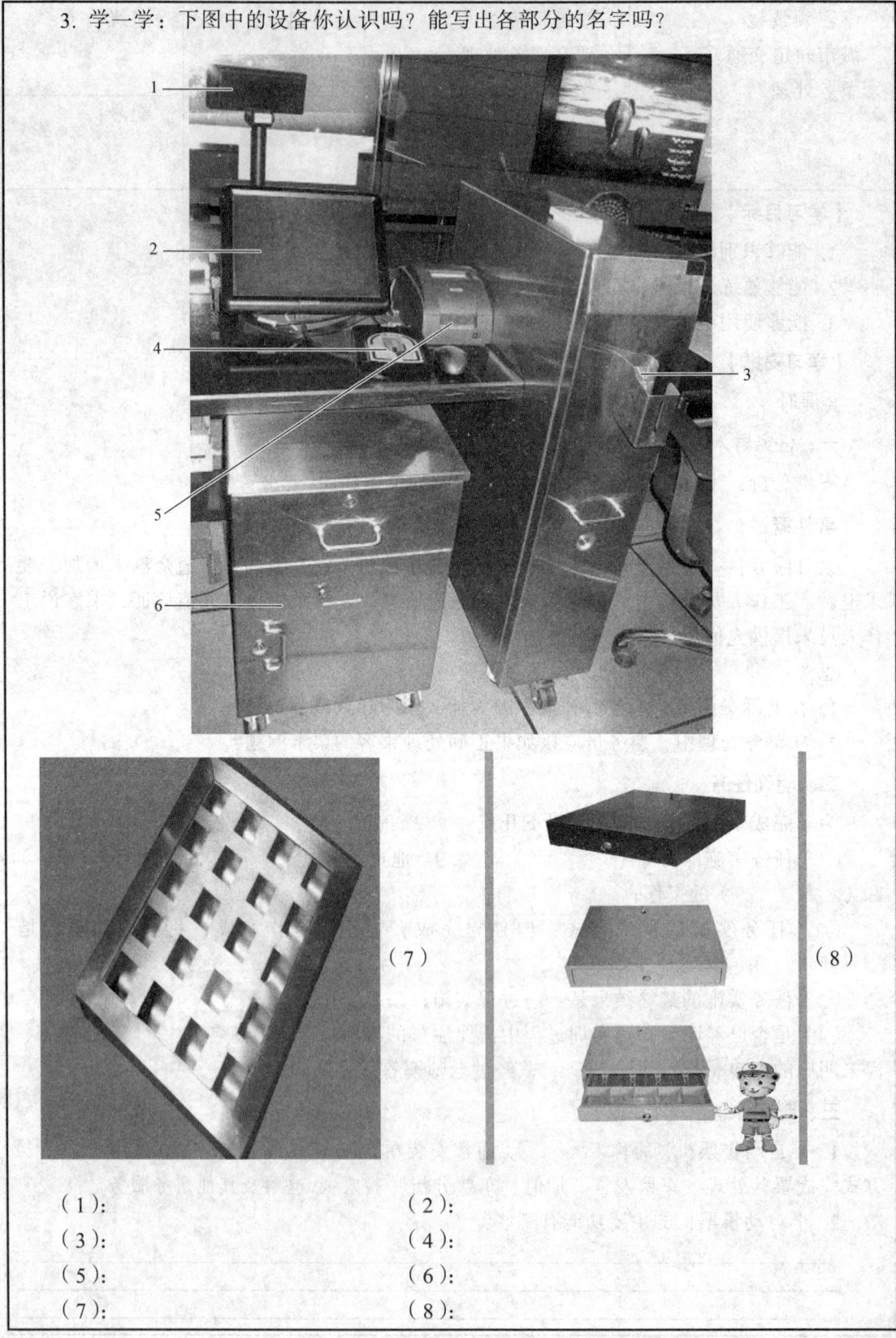

(1):　　　　　　　　　(2):
(3):　　　　　　　　　(4):
(5):　　　　　　　　　(6):
(7):　　　　　　　　　(8):

想一想：
您能说出图中所示各部分的功能吗?
_____
_____

四、任务实施

在工作期间，有乘客来到客服中心需要兑换零钱，你该如何服务？请写出你需要说的话和做的动作。

和你的搭档一起来练习一下，假设你在体育西路，和你的拍档一起轮换角色，分别作为乘客和票务员进行兑换零钱的操作，要求能够让你的拍档用你找的零钱完成自助购票。

☆ 对你拍档的表现打分：语言文明，仪态自然，动作快速准确。

打分表

得分	评价	打分人

小组讨论：

1. 兑换零钱的交易数需不需要记录下来？用不用在报表中体现出来？
_____
_____

2. 假设有乘客到客服中心要求购买羊城通，该如何帮他呢？请写出你服务的步骤或者过程，包括动作、语言和需要使用的设备。
_____
_____

3. 案例分析：

某一天，一位女乘客在某站由于上次尚未出站，造成无法进站，到补票亭处办理补票时，售检票员因为解释补票原因而与乘客发生争吵，该乘客非常生气，要找本站的值班站长投诉补票亭内的售检票，并记录下了售检票员的员工号码。值班站长得知乘客与补票亭售检票员争吵的信息后，立即来到补票亭处。了解了情况之后。便对乘客解释说："您好，我是本站的值班站长，非常抱歉，由于我们的服务不周到，让您对我们的服务产生了诸多误解，您今天所遇到的问题也是我们经常遇到的问题。请您放心，我们不会多扣您一分钱的。如果这次更新后，若有任何疑问，可以凭为你所开具的〈乘客事务处理单〉找我们的工作人员帮你解决问题。我们再次向您道歉！"乘客听到值班站长一番话后，很开心，交付了补票费后扔掉了所记录员工号的纸条。由于值班站长的这一番礼貌言行，才避免了投诉的发生。

秀一秀：

上述案例中，如果你是一名票务员，请跟大家分享一下你的服务过程，修改一下。

学一学：

在售票过程中，我们需要登录票务系统，请大家学习教材中"半自动售票机发售普通单程票、预制单程票和储值票"的知识点，练习使用票务系统发售车票。

想一想：

如果半自动售票机出现以下问题，该如何处理？（请写下来）

1. IC卡读卡器不能读取车票信息。

_____

_____

2. 售票员显示器没有显示。

_____

_____

3. 打印机无法打印小单。

_____

_____

五、任务小结

反思：现在自我总结思考一下，对于半自动售票机的结构和操作，你都明白了吗？能否正确地使用半自动售票机为乘客服务呢？

学习领域 2 城市轨道交通 票务处理	学习情境 2 票亭票务处理 学习任务 3 2.3 异常票卡处理	姓名：	班级：
		学号：	组号：

【学习目标】

1. 能够根据票务规则进行乘客异常票卡处理；
2. 能够按规章规范又不失灵活地处理乘客票务。

【学习安排】

4 课时

一、任务导入

1. 在使用城市轨道交通时，你遇到过什么问题呢？都是怎么处理的？

_____
_____
_____

2. 案例分析：乘客退单程票

（1）事件概述：乘客持单程票到车站客服中心要求退票，经分析，发现车票并非本站发售，也未有相应的通知可以证明该票可以退换，因此，票务员拒绝了乘客的退票要求，并向其解释，普通单程票一经发售在正常情况下，车票未经使用，在规定时间内可以在发售站点进行退票处理，该乘客的车票不符合退票规定，不能给予退票处理，乘客如需搭乘地铁，需要重新购票，该单程票将被直接回收。

（2）处理依据：乘客购买单程票后，根据票务规定，可以在规定时间（如广州地铁为购买后 30 分钟）内，未经使用，并且是在本站购买，车票分析确认有效的，可以进行退票处理，按照票价全价退款，单程票回收。

（3）处理要点：乘客要求退票时，需要分析车票，确认车票的售出时间、出售车站、是否有使用记录等信息，如不满足当天出售的条件，可以查看是否涉及特殊票务情况。通过与乘客确认车票信息，按照规定进行处理。对不符合退票规定的车票应直接回收，不可退票。处理过程中需对乘客说明处理依据和车票情况，避免产生误会。

二、明确任务

为了完成学习任务，请关注以下几点：

（1）任务实施的时间（　　　　　），地点是（　　　　　），人物（　　　　　）和（　　　　　）的工作；

（2）任务实施的组织方式：□独立完成；□小组合作完成，我承担的角色是（　　　　　）；

（3）任务实施的最终结果是：□过程实施；□提交作品；

（4）是否已经明确知道实训过程中需要注意的事项：□是，签名（　　　　　）；□否，尚未明确的内容（　　　　　），经过老师解答后，确认签名（　　　　　）。

三、制定计划

1. 列举一些常见的异常票卡问题：

编号	问题描述	编号	问题描述
1		8	
2		9	
3		10	
4		11	
5		12	
6		13	
7		14	

四、任务实施

秀一秀：

1. 请写出遇到以下车票事务时，该如何处理？

（1）乘客甲来到服务中心要求退单程票。

（2）乘客乙持单程票在付费区出不了闸。

（3）乘客A在付费区，票卡丢失。

（4）乘客一卡通内余额不足，分别写出付费区和非付费区的处理方法。

（5）乘客丙要求购买半价票。

（6）乘客C要求免费乘车。

（7）乘客D要求退1日票。

（8）乘客丁要求退一卡通。

（9）乘客在付费区逗留时间超过了规定时间。

（10）乘客要求购买团体票。

（11）乘客自称是聋哑学校教师，要求组织学生免费乘车。

（12）乘客要求更新老人票。

（13）乘客反应自动售票机吞了纸币，没有出票。

2. 与隔壁同学一起对照一下，看看你们的处理方法一致吗？哪种方法更妥当呢？
☆ 有什么不明白的可以提问。
3. 找出正确的处理方法，我们一起来熟悉一下。
☆ 把前面你写的错误方法改正。

五、任务检验

1. 用抽签的方式检验一下同学们的学习情况。

由组长负责，抽查本组同学的学习情况，回答时要闭卷，口述清楚处理方法。

组长由老师负责抽查。

如果有同学没有过关，即无法闭卷准确说出处理方法的，要继续学习并进行抽查直到会为止。

打分表

问题编号	答案记录	打分	打分人	建议

注：多次抽查者分开填写。

2. 练习异常票卡处理流程，做到能正确处理并向乘客解释清楚。

3. 由组长对组员进行随机抽查，任意选择一个场景进行模拟，对其表现打分，处理不正确或者解释不清楚的，不及格，要继续学习接受抽查，直至合格。组长由老师进行考核。

问题编号	表现记录	打分	打分人	建议

六、任务评价

检查自己是否已经完成上面两个表格的考核要求。

七、任务小结

完成以下练习。

1. 检票时应检查车票内的哪些信息？

　　_____
　　_____
　　_____

2. 车票进出站次序错误指的是什么情况？应该如何处理？

　　_____
　　_____
　　_____

3. 什么原因会导致车票无效？该如何处理？

　　_____
　　_____
　　_____

学习领域 2 城市轨道交通 票务处理	学习情境 2 票亭票务处理 学习任务 4 2.4 特殊情况下的票务处理	姓名：	班级：
		学号：	组号：

【学习目标】

1. 掌握售票类设备故障时的票务处理方法；
2. 掌握检票类设备故障时的票务处理方法；
3. 掌握降级运营模式下的票务应急处理方法。

【学习安排】

4 课时

一、任务导入

1. 当城市轨道交通在车站区间内突发行车事故时，是否还进行日常的票务处理？

2. 案例分析：特殊情况下的票务处理

事件概述：某日车站因运营设备故障无法继续运营，采取临时封站措施，车站关闭所有 BOM，所有车站工作人员在付费区忙于宣传，疏导乘客出站，同时又有乘客要求退票，车站又匆忙收取乘客手中票卡退还票款，开放应急疏散门放行乘客，直至运营恢复后经乘客提醒方关闭安全门。当日交款时，票务员印象中退款张数与手中票款及系统中统计退款金额均不符。

思考：作为票务员，遇到这种突发事件，应该如何处理？请分析其案例要点。

二、明确任务

为了完成学习任务，请关注以下几点：

（1）任务实施的时间（　　　　　），地点是（　　　　　），人物（　　　　）和（　　　　）的工作；

（2）任务实施的组织方式：□独立完成；□小组合作完成，我承担的角色是（　　　　）；

（3）任务实施的最终结果是：□过程实施；□提交作品；

（4）是否已经明确知道实训过程中需要注意的事项：□是，签名（　　　　）；□否，尚未明确的内容（　　　　　），经过老师解答后，确认签名（　　　　）。

三、制定计划

1. 根据老师的讲解和查阅的资料，请指出地铁有哪几种降级运营模式？

2. 当自动售票设备全部故障时，应如何进行票务处理？

3. 当全部半自动售票设备故障时，在付费区的乘客如何进行票务处理？
_____
_____

4. 当全部出站闸机故障时，如何进行票务处理？
_____
_____

5. 当进入时间免检模式时，应如何进行票务处理？
_____
_____

6. 当城市轨道交通进入出站免检模式时，应如何进行票务处理？与紧急放行模式的处理方法有什么不同？
_____
_____

四、任务实施

秀一秀：

1. 实训任务1：半自动售票机故障的处理

2014年4月9日，某市地铁2号线天府广场站票务服务中心的所有半自动售票机BOM全部发生故障，该站应如何应对？注：天府广场是该市的购物中心。

要求：

（1）每一位学员能叙述处理流程；

（2）在实训场地将学员分组分岗位按处理流程来模拟现实情景的处理。

2. 实训任务2：自动售票机故障的处理

2015年10月22日，某市地铁1号线世纪城站自动售票机TVM全部故障，该站应如何应对？注：2010年10月22日～26日在某市新会展中心举行西博会。

要求：

（1）每一位学员能叙述处理流程；

（2）在实训场地将学员分组分岗位按处理流程来模拟现实情景的处理。

3. 实训任务3：全部售票机故障的处理

2011年4月23日，某市地铁2号线公园前站全部售票类设备发生故障。该站应如何应对？

要求：

（1）每一位学员能叙述处理流程；

（2）在实训场地将学员分组分岗位按处理流程来模拟现实情景的处理。

4. 实训任务4：部分进、出站闸机故障的处理

2014年3月20日，某市2号线天成广场站一出口处进、出站闸机发生故障，此时，该站应如何组织乘客？注：天成广场共有4个出口，其他3个出口进出站闸机处于正常状态。

要求：

（1）每一位学员能叙述处理流程；

（2）在实训场地将学员分组分岗位按处理流程来模拟现实情景的处理。

5. 实训任务 5：全部进站闸机故障的处理

2011 年 12 月 1 日，某市地铁 2 号线天成广场站进站闸机全部故障，该站应如何应对？

要求：

（1）每一位学员能叙述处理流程；

（2）在实训场地将学员分组分岗位按处理流程来模拟现实情景的处理。

6. 实训任务 5：全部出站闸机故障的处理

2014 年 11 月 1 日，某市地铁 2 号线天成广场站出站闸机全部故障，该站应如何应对？

要求：

（1）每一位学员能叙述处理流程；

（2）在实训场地将学员分组分岗位按处理流程来模拟现实情景的处理。

☆ 与隔壁同学一起对照一下，看看你们的处理方法一致吗？哪种方法更妥当呢？

☆ 有什么不明白的可以提问。

◇ 找出正确的处理方法，我们一起来熟悉一下。

☆ 把前面你写的错误方法改正。

五、任务检验

1. 用抽签的方式检验一下同学们的学习情况。

由组长负责，抽查本组同学的学习情况，回答时要闭卷，口述清楚处理方法。

组长由老师负责抽查。

如果有同学没有过关，即无法闭卷准确说出处理方法的，要继续学习并进行抽查直到会为止。

打分表

问题编号	答案记录	打分	打分人	建议

注：多次抽查者分开填写。

2. 练习特殊情况下的票务处理流程，做到能正确处理并向乘客解释清楚。

3. 由组长对组员进行随机抽查，任意选择一个场景进行模拟（例如：以小组为单位，模拟处理当发生售票类设备故障及检票设备故障时的处理方法，要求在指定时间完成，并且写出在完成每一项任务的操作过程），对其表现打分，处理不正确或者解释不清楚的，不及格，要继续学习接受抽查，直至合格。组长由老师进行考核。

<table>
<tr><th colspan="5">打分表</th></tr>
<tr><th>问题编号</th><th>表现记录</th><th>打分</th><th>打分人</th><th>建议</th></tr>
<tr><td></td><td></td><td></td><td></td><td></td></tr>
<tr><td></td><td></td><td></td><td></td><td></td></tr>
</table>

六、任务评价

1. 检查自己是否已经完成上面两个表格的考核要求。
2. 完成以下练习。

（1）当站内部分自动售票设备（TVM）故障时，若（　　　　）的故障情况，客运值班员进行简单故障处理。

（2）全部自动售票机故障时，值班站长安排售票员在（　　　　）出售单程票；根据客流情况，当不能满足乘客购票需求时，值班站长需要报站长确定是否出售（　　　　），并报告控制中心行车调度员

（3）全部进闸机发生故障时，若故障发生在本站，车站值班站长必须及时安排人员引导持票的乘客通过边门进站，同时报（　　　　），由（　　　　）通知其他车站做好给乘客更新车票的准备工作。

（4）全部出闸机发生故障时，值班站长及时报控制中心行车调度员，通知售票员及厅巡岗引导乘客从（　　　　）出站，对持单程票的乘客，（　　　　）其单程票并记入当天站存；对持（　　　　）的乘客，告知其本次车费在下次乘车时到票务处扣除。

（5）设置了降级运营模式的（　　　　）应在显著的位置用明显的文字或符号显示所设置的模式，并用明确的文字或符号显示车站内的（　　　　）已进入该模式。

（6）当车站出现危及乘客生命安全、需及时疏散乘客出站的紧急情况时，车站值班员或值班站长需立即通过车站计算机或车站控制室内的紧急按钮设置（　　　　）。

七、任务小结

正常情况下，自动售检票设备都是在正常运营模式下运行。当在运营过程中出现AFC终端设备发生故障或能力不足或出现其他设备系统故障、火灾等紧急情况，以及出现列车延误、清客、越站等特殊情况时，车站各岗位人员要在值班站长的全面指挥下，完成车站的票务运作。

学习领域 3 城市轨道交通 票务处理	学习情境 3 车票稽查与回收 学习任务 1 3.1 车票稽查	姓名： 学号：	班级： 组号：

【学习目标】

1．能够说出自动检票机的结构组成和各部分功能；

2．能够说出不同车票的检票表现；

3．能够指导乘客使用自动检票机进行自动检票。

【学习安排】

4 课时

一、任务导入

1．你每次使用车票的时候，有没有留意过检票设备呢，检票机检查你的车票有什么表现？

_____

_____

_____

2．讨论一下：自动检票机需要满足些什么要求？

_____

_____

_____

3．案例分析：闸机故障引发的乘客堆积

（1）事件概述：

某日车站进站闸机故障，一名乘客刷卡通过后扇门不关闭，后续乘客不刷卡可连续通过，车站报修后，安排一名工作人员专职盯守。因此车站减少一名售票替岗人员，引发站厅购票乘客大量堆积，进出站秩序不顺畅。

（2）正确处理过程：

遇此类设备故障应首先排除异物遮挡闸机传感器或扇门情况，如前期处理无效应立即报修，并对设备故障情况详细描述。

如故障设备为双向闸机，在不影响站厅走行秩序的情况下，可变换闸机通行方向，确认设备正常后，对乘客开放，做好宣传引导工作。

如车站各闸机通过能力足够，可暂停使用此故障设备，做好提示引导，避免故障设备引发乘客堆积、票卡丢失，影响运营秩序及运营收入、票卡库存。

（3）案例要点：

车站工作人员应关注各类服务、票务设施使用情况，对故障或状态不稳定设备要及时发现、报修，做好报修时的故障描述及班组间设备故障情况交接。

根据车站实际客流组织及人员配置情况，合理设置设备服务模式，避免因设备不稳定引发客流堆积，造成运营危险隐患。

改变设备服务状态时，应充分考虑客运组织及乘客使用的便利性，如车站出入通过能力足够或改变闸机通行方向会引起客流交叉不便于客运组织时，可将设备暂停服务，采取临时引导措施，疏导乘客使用其他闸机通行。

如车站通过能力不够，可使用闸机通道，通过手持验票机提供检票服务，并做好手持验票机的领用、归还、数据传输工作。

二、明确任务

为了完成学习任务，请关注以下几点：

（1）任务实施的时间（　　　　　），地点是（　　　　），人物（　　　）和（　　　）的工作；

（2）任务实施的组织方式：□独立完成；□小组合作完成，我承担的角色是（　　　）；

（3）任务实施的最终结果是：□过程实施；□提交作品；

（4）是否已经明确知道实训过程中需要注意的事项：□是，签名（　　　　）；□否，尚未明确的内容（　　　　），经过老师解答后，确认签名（　　　　）。

三、制定计划

1. 写出下列图片中设备各部分的名称。

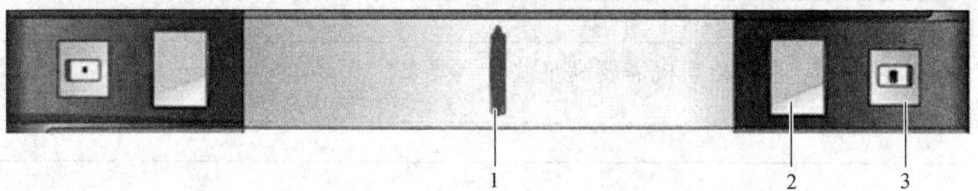

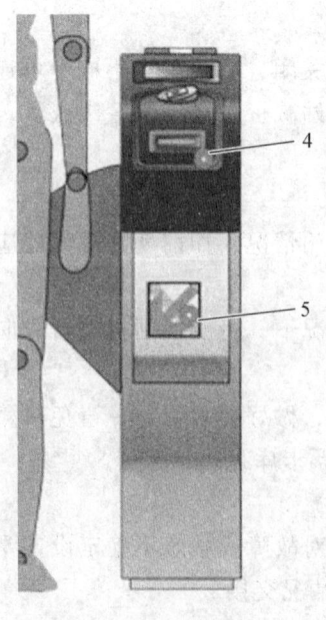

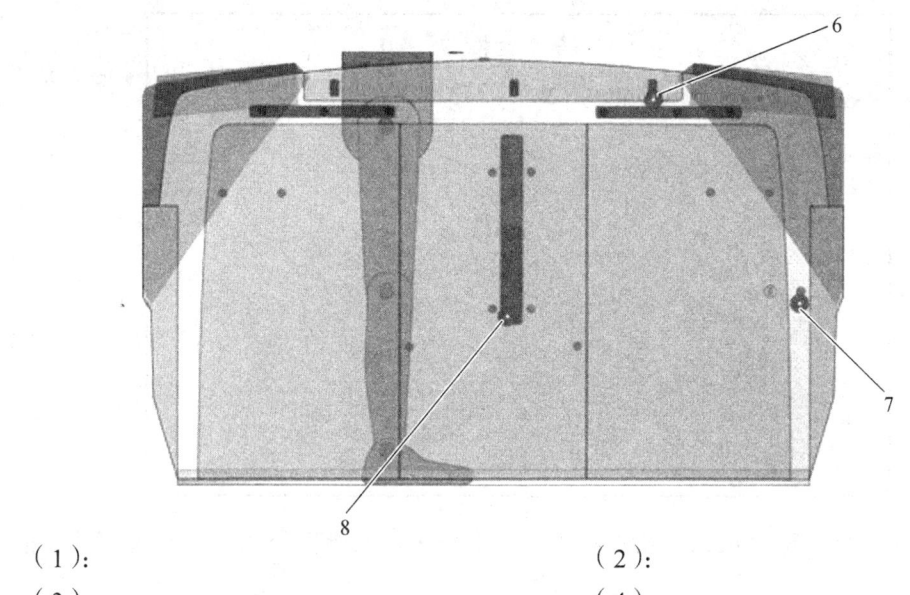

（1）： （2）：
（3）： （4）：
（5）： （6）：
（7）： （8）：

2. 以上各个部分的作用分别是什么？讨论一下。
_____
_____
_____
_____

3. 请写出在使用以下类型车票时机器的表现。

车票类型	设备表现	车票类型	设备表现
单程票		学生票	
老人优惠票		员工票	
无效票卡		黑名单	
老人免费票		普通储值票	

四、任务实施

秀一秀：

1. 正确使用自动检票机的流程是怎样的？有些什么注意事项？（请演示，并画出流程图）

_____
_____
_____

43

配票流程

讨论一下：自动检票机在使用过程中，是如何来判断乘客行动的？有没有什么措施可以防止逃票？

五、任务检验

1. 请写出出现以下情况时，该如何处理？

（1）乘客车票读取后，出现"嘀嘀"报警声，扇门未打开，乘客显示器显示如下图所示：

_____

_____

（2）乘客车票读写时，检票机红灯亮起，发出报警。

_____

_____

2. 由组长对组员进行随机抽查，任意选择一个场景进行模拟，对其表现打分，处理不正确或者解释不清楚的，不及格，要继续学习接受抽查，直至合格。组长由老师进行考核。

打分表

问题编号	表现记录	打分	打分人	建议

六、任务评价

1. 检查自己是否已经完成上面的任务。

2. 参考下图，说说乘客站在哪些区域会影响车票的读写效果，不能正常检验出车票的有效性。

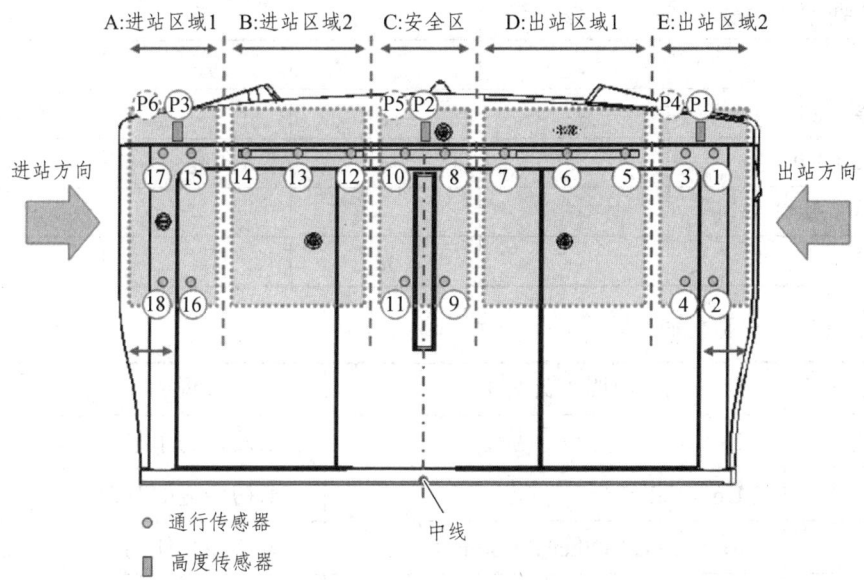

3. 请写下来，在机器具备识别各种车票类型能力的情况下，车站车票稽查工作应该怎么做？

_____
_____
_____

七、任务小结

自动检票机的主要功能：（1）自动对车票进行有效性检验，对有效车票进行相应处理后放行乘客，对无效车票拒绝放行。（2）对通道的通行状态给出明确提示。（3）对各部件的工作状态进行自动监测，并向 SC 上报工作状态。（4）存储并上传交易信息。

知识链接：

1. 方向指示器及报警灯

所有车票在进行处理后，方向指示器根据处理结果显示相应图标，并且特殊类型车票有对应的报警灯及方向指示器的显示方式，见下表。

车票类型	报警灯（Alarm Lamp）		方向指示器	
	黄灯	红灯	黄条	蓝条
成人储值票（SVT）	—	—	—	—
学生储值票（SVT）	亮	—	—	—

续表

车票类型	报警灯（Alarm Lamp）		方向指示器	
	黄灯	红灯	黄条	蓝条
老人储值票（SVT）	亮	—	—	—
老人免费票（SVT）	亮	—	—	—
纪念票	亮	—	—	—
单程票（SJT）	—	—	—	—
员工票（EP）	亮	—	亮	—
羊城通（OCT）	—	—	—	—
黑名单	—	亮	—	亮

2. 车票处理异常代码

车票状态代码	说明（英文）	说明（中文）
01	Not-issued	未发售的车票
02	Uninitialized	未初始化的车票
04	Stop-used（Other Reasons）	车票停止使用
05	SAM Response NG	SAM 卡响应错误
06	Ticket Invalid Rule	票卡验证错误
08	RF Communication Error	读卡器和车票之间的通信错误
09	SJT Exit Invalid	单程票出闸时放在验票区
20	Security Key	密钥错误
21	Black List	黑名单
22	Ticket Type(Incl. not permitted ticket)	车票类型未定义
23	Ticket Status	卡状态错误（如卡已退款）
24	Other Station Upgrade	其他站更新，本站不能出
25	Not Enough Balance	余额不足
31	Expire Date Error	物理有效期到期
32	Wrong Entry-Exit Sequence	进出站次序错误
33	Invalid Entry Information	进站码在系统中没有定义
34	Over Time Error（Excess Time）	超时
35	Invalid Ticket Upgrade Information	更新车站码在系统中没有定义

续表

车票状态代码	说明（英文）	说明（中文）
36	Over Maximum Daily Trip Counter	车票超出日乘次
37	Over Maximum Total Trip Counter	车票超出总乘次
38	Ticket Write Error	车票正本未写完
80	Gray List	羊城通灰名单
82	Effective Start Date Error	票卡超出逻辑起始日期
83	Effective Finish Date Error	票卡超出逻辑截止日期
91	Ticket Already Processed	票卡已处理
92	Reader Communication Error	读卡器和主控器之间的通信错误
93	Same Station Entry	只允许同站进出
94	Not Allowed Station	非本站使用的车票（员工票）
95	Invalid Issued Station	单程票非本站发售
96	Ticket Locked，need Unlock	票卡已加锁，需要解锁

学习领域 3 城市轨道交通 票务处理	学习情境 3 车票稽查与回收 学习任务 2 3.2 车票回收	姓名：	班级：
		学号：	组号：

【学习目标】

1. 能够熟悉自动检票机的内部结构；
2. 能对出现的异常检票情况进行识别和处理；
3. 能进行售检票机的车票回收作业。

【学习安排】

4 课时

一、任务导入

1. 自动检票机的主要功能是什么？
2. 自动检票机可以分为哪几种类型？

二、明确任务

为了完成学习任务，请关注以下几点：

（1）任务实施的时间（　　　），地点是（　　　），人物（　　　）和（　　　）的工作；

（2）任务实施的组织方式：□独立完成；□小组合作完成，我承担的角色是（　　）；

（3）任务实施的最终结果是：□过程实施；□提交作品；

（4）是否已经明确知道实训过程中需要注意的事项：□是，签名（　　　）；□否，尚未明确的内容（　　　），经过老师解答后，确认签名（　　　）。

三、制定计划

1. 常见的传感器有（　　　）（　　　）两种。
2. 传感器的作用是什么？

_____
_____
_____

3. 用于检测乘客身高和是否有乘客通过的传感器分别是什么类型的？

_____
_____
_____

4. 根据下图，写出图中①~⑱各传感器的类型：

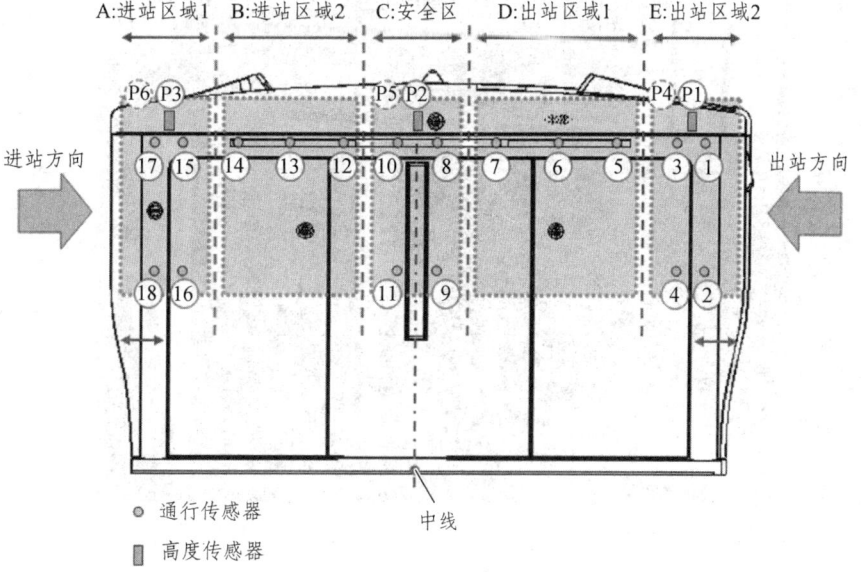

传感器类型	标号

四、任务实施

1. 写出下图中各部分的名称。

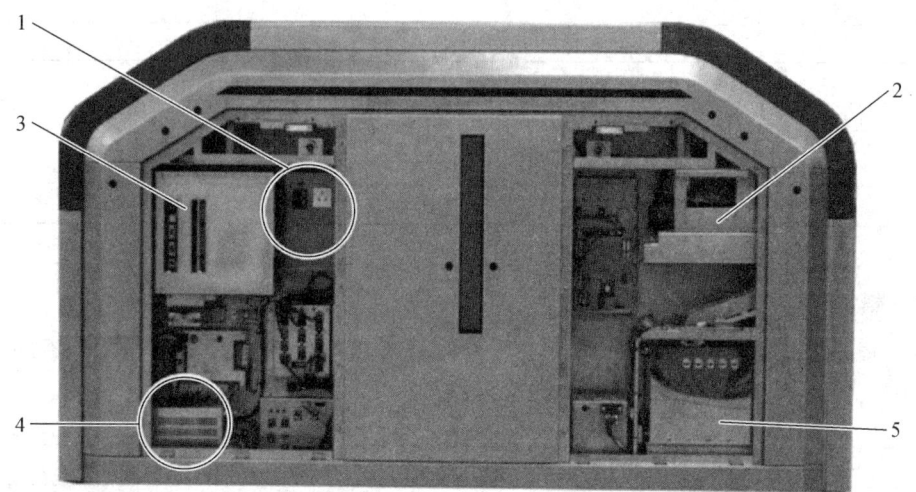

（1）：
（2）：
（3）：
（4）：
（5）：

（6）：　　　　　　　　　　（7）：
（8）：　　　　　　　　　　（9）：
（10）：　　　　　　　　　 （11）：

2. 在什么情况下，需要对自动检票机内的车票进行回收？
_____
_____

3. 根据教材学习更换票箱的内容，总结票箱更换的步骤。
（1）立"暂停服务"牌；
（2）_____
_____
_____

4. 更换票箱时该如何保护车票和工作人员的安全？有哪些注意事项？
_____
_____
_____

想一想：

（1）根据"附录"的内容，思考一下与教材所描述的更换票箱步骤有何不同？这个不同是因为什么产生的？
_____
_____

（2）如何核对回收的车票数量？进行票箱清点时，需不需要填写报表？
_____
_____

5. 自动售票机需要进行车票回收吗？什么时间需要回收？
_____
_____

6. 自动售票机车票不够用时怎么办？
_____
_____

7. 根据"附录"内容，总结自动售票机进行补充单程票的操作步骤。
（1）立"暂停服务"牌；
（2）_____
_____
_____

五、任务检验

1. 由组长负责检查本组同学的学习情况是否填写完整了，在组别处签名确认，如未完成则不签名。组长由老师负责检查。
2. 回答以下问题：
（1）票务员在什么时候需要进行自动售检票设备内的车票回收？
_____
_____

（2）票务员添加到自动售票机内的车票会有记录吗？什么时间会记录下来？
_____
_____

（3）票务员在车站巡视中发现地面有一张被丢弃的单程票，该如何处理？
_____
_____

（4）票亭内的票务员所持车票是否要回收？要不要记录在报表上？
_____
_____

（5）请画出普通单程票在车站内循环使用的流动示意图。

六、任务小结

更换自动检票机票箱时，打开自动检票机的维修门后，按维护面板显示要求输入正确的操作员号和密码，验证成功登录后，选择运营服务中的更换票箱操作。在更换票箱操作中选择取下票箱，当票箱电动机完全降下后，双手取出票箱。同学们需要按照步骤正确、规范地进行操作。

知识链接：

1. 更换票箱

三号线闸机更换票箱时，不需要登录到 AGM 的维修面板，直接使用钥匙打开票箱维修门，拉出维修门直接进行更换票箱操作，双手取出票箱，更换上不同 ID 的票箱，推进并关好维修门，设备读到不同的票箱 ID 就认为票箱已经更换，计数器清零。

> 注意：1. 更换票箱时请双手操作，避免刮伤手。
> 2. 请爱护票箱，轻拿轻放，避免损坏票箱。
> 3. 更换票箱操作一定要更换为不同 ID 的票箱，否则操作无效。

2. 补充单程票

首先，把要补充的 Token Cassette 装在单程票发售装置（单程票发售模块）的上端，然后对维修面板进行操作。

在维修面板画面中点击"F7"或者进入"运营服务"菜单后，"运营服务选择屏幕"中选择相应的项目。

■ 储票箱安装在单程票发售模块后插入钥匙按顺时针方向旋转。

■ 储票箱底盘前后拽 1~2 下 Cassette 的单程票补充到储票箱，再把底盘推入。

利用数字键，选择要补充的储票箱后输入补充数量，按回车键。此时，自动打印单程票补充报告。

※注意事项
　　补充数量是手工输入的，因此操作人员注意不要出错，补充数量和实际不同时，将成为发生错误的原因。

■ 单程票发售模块和 Token Cassette 的钥匙按逆时针方向旋转后拔出钥匙。

■ 单程票发售模块中把 Token Cassette 卸载。

学习领域 3 城市轨道交通 票务处理	学习情境 3 车票稽查与回收 学习任务 3 3.3 现金管理	姓名：	班级：
		学号：	组号：

【学习目标】

1. 了解车站票据管理的流程；
2. 能够进行自动售票机的钱箱更换和清点工作。

【学习安排】

2 课时

一、任务导入

1. 乘客需要报销车资时需要什么凭证？
_____
_____

2. 车站发票有几种？分别是什么？票务员可以从哪里获得？
_____
_____

二、明确任务

为了完成学习任务，请关注以下几点：

（1）任务实施的时间（   ），地点是（   ），人物（   ）和（   ）的工作；

（2）任务实施的组织方式：□独立完成；□小组合作完成，我承担的角色是（   ）；

（3）任务实施的最终结果是：□过程实施；□提交作品；

（4）是否已经明确知道实训过程中需要注意的事项：□是，签名（   ）；□否，尚未明确的内容（   ），经过老师解答后，确认签名（   ）。

三、任务实施

1. 发票领取时需要填写哪些台账？
_____
_____

2. 车站的现金分为几种？分别是什么？
_____
_____

3. 车站现金的清点和交接在何处进行？其中票务员能够参与的有哪些？
_____
_____

4. 车站运营过程中，现金在车站内是怎样流转的？流程是什么？请画出流程图。

_____

_____

5. 请扫码观看钱箱更换的操作视频，然后写出自动售票机更换钱箱的步骤。

_____

_____

_____

想一想：

（1）如果自动售票机内硬币不足需要加币，这个过程与增加单程票有什么不同？

（2）票务员给乘客的发票是否需要填写报表？

四、任务检验

1. 画出车站内现金的流动过程图，包括票款与备用金两部分。

2. 写一写车站现金管理过程中需要注意的事项有哪些？

_____

_____

五、任务小结

1. 车站的票款是车站现金的重要组成部分，应严格执行财务管理规定，严禁坐支票款，票款和备用金要区分管理。

2. 车站票款主要有自动售票机收入、自动充值机储值票充值收入、票务处半自动售票机售票和充值收入、临时售票亭售票收入等。对于车站的票款收入，要求每日运营结束后进行清点、登记、系统录入、封装和解行。

参考文献

[1] 于涛. 城市轨道交通票务管理[M]. 2版. 北京：人民交通出版社，2011.
[2] 人力资源和社会保障部教材办公室，广州市地下铁道总公司组织. 城市轨道交通岗位技能培训教材站务人员[M]. 北京：中国劳动和社会保障出版社，2009.
[3] 赵时旻. 轨道交通自动售检票系统[M]. 上海：同济大学出版社，2007.
[4] 张彦，史天运，李仕达，李超. AFC技术及铁路自动售检票系统研究[J]. 中国铁路，2009. 3.
[5] 周顺华. 城市轨道交通设备系统[M]. 北京：人民交通出版社，2009.